CHASSE

DU

CHEVREUIL

EN FRANCE

PAR

LE COMMANDANT P. GARNIER

Ancien élève de l'Ecole Polytechnique, Membre du Conseil général
de la Côte-d'Or.

—

Que chaque veneur apporte sa pierre,
et la vérité se fera.

PARIS

AUGUSTE AUBRY, ÉDITEUR

18, rue Séguier, 18

—

1875

CHASSE

DU CHEVREUIL

EN FRANCE

AUXONNE, IMPRIMERIE DE VICTOR CHARREAU.

CHASSE

DU

CHEVREUIL

EN FRANCE

PAR

LE COMMANDANT P. GARNIER

Ancien élève de l'École Polytechnique, Membre du Conseil général
de la Côte-d'Or.

Que chaque veneur apporte sa pierre,
et la vérité se fera.

PARIS

AUGUSTE AUBRY, ÉDITEUR

18, rue Séguier, 18

1875

A M. E. PRAROND

Auteur des CHASSES DE LA SOMME

———

Quand on a, sans le moindre scrupule, pillé un auteur cynégétique, qui, bien loin de vous en vouloir d'un tel acte de sans-gêne, vous y a encouragé lui-même en mettant à votre disposition ses plus intéressantes notes de chasse, le moins que l'on puisse faire, pour peu que l'on se pique de savoir-vivre, c'est de lui dédier le fruit de ses larcins.

C'est précisément pour l'heure ce que je fais,

en priant mon honorable Collègue & Confrère en Saint-Hubert, M. E. Prarond, de vouloir bien accepter la cordiale dédicace de cet opuscule.

Son bien reconnaissant et tout dévoué

Serviteur,

COMMAND[t] P. GARNIER.

Auxonne, Avril 1875.

AVERTISSEMENT

———

Malgré son titre, qui peut paraître prétentieux, cet opuscule cynégétique n'a qu'un but fort modeste.

L'auteur croit, à tort ou à raison, que la chasse du chevreuil *au forcer* se fait un peu trop à l'instar de celle du cerf et n'a pas dès lors l'originalité rationnelle qui lui conviendrait.

Partisan peut-être trop fanatique de la méthode prescrite par le Roy Modus, il a fait de son mieux contre l'assimilation fâcheuse de ces deux bêtes de meute au point de vue du courre au forcer.

Si quelques veneurs, appréciant ses raisons, viennent à lui, il s'en estimera fort heureux : c'est là toute son ambition !

CHASSE DU CHEVREUIL

I

Chasse à courre... au Forcer

« Le brocard apporte encore plus de
» science et de combinaison dans ses
» plans stratégiques que le cerf ou le daim.
» Aussi le chasse-t-on assez rarement à
» courre, et le veneur a-t-il l'habitude de
» recourir pour le détruire à l'aide du fu-
» sil. J'ai vu, dit Toussenel, forcer le che-
» vreuil après quatre ou cinq heures de
» chasse, et même moins, dans des forêts
» où le fauve était rare ; mais dans celles
» où il abonde et où le change est facile,
» le courre de cet animal présente pres-

» que autant de difficultés que le courre
» du vieux loup. »

Cette dernière opinion semble à bon
droit par trop absolue à l'auteur estimé
des *Chasses de la Somme,* M. E. Prarond,
qui a vu prendre plus rapidement des chevreuils dans des laisser-courre très régu-
liers.

Ainsi, par exemple, en 1861 et années suivantes, M. Quiclet forçait dans la forêt de
Chantilly, riche en fauves, un chevreuil
en trois ou quatre heures ; quelquefois en
beaucoup moins de temps lorsqu'une ou
deux poussées vigoureuses, presque en
ligne droite, avaient épuisé, en quelques
dix minutes seulement, une bonne part
de la force de résistance de l'animal.

Vers la même époque, MM. de Salverte
forçaient très fréquemment dans la forêt
d'Halatte, où le fauve abonde.

Enfin, la Société de Rallye-Ponthieu qui,
à dater de 1863, a chassé exclusivement le
chevreuil pendant près de dix ans dans la
forêt de Crécy, est arrivée à prendre, dès
que ses chiens ont été bien mis à cette
chasse, en deux, trois, quatre, cinq heures

et cependant le fauve n'est pas rare dans
le pays.

Aussi j'aime bien mieux Toussenel
quand il ajoute :

« Le chevreuil est après le loup la bête
» de nos forêts qui se force le moins ; et ce
» n'est pas seulement la vigueur de son
» jarret qui le préserve si fréquemment
» du sort du cerf et du lièvre, c'est plutôt
» le sangfroid qu'il déploie dans la lutte
» et la sage distribution qu'il fait de ses
» moyens. »

Tous les écrivains cynégétiques fran-
çais, comme tous les veneurs, partagent
l'avis de Toussenel ; je suis donc en droit
de m'étonner quand je lis dans J.-A. Clamart *(Cinquante années de chasse) : « Ra-*
» *rement les chiens prennent le change sur*
» *le chevreuil;* mais cela peut arriver quand
» il y en a beaucoup dans la forêt. »
Car l'écueil ordinaire de la chasse à
courre du chevreuil, c'est la fréquence du
change qui, pour se produire, n'a pas besoin que le bois soit vif en fauve. — Pour
réussir là, il faut toujours serrer les chiens
de près, ne jamais se départir de son at-

tention, toujours bien examiner et écouter afin *de surprendre ou deviner le change le plus tôt qu'il est possible,* et rompre et ramener les chiens à l'endroit *connu* où *présumé* de la rencontre des animaux.

Toussenel se montre peut-être bien un peu trop poétique quand il avance ce qui suit : « Le chevreuil persécuté par les » chiens n'a pas besoin, comme le cerf » ou le daim, d'employer la violence pour » faire bondir le change ; le change vient » de lui-même s'offrir pour concourir au » salut de la bête poursuivie ; et c'est mer- » veille de voir comme tous ces charmants » coureurs *s'entendent* pour créer des em- » barras à la meute. »

Malgré tout notre respect pour l'auteur de l'*Esprit des Bêtes,* nous ne pouvons croire que le change résulte de la volonté ou du dévouement de ces animaux, et, d'accord avec M. E. Prarond, nous l'expli- quons de la manière suivante : Les che- vreuils sont très cantonnés et ne parcou- rent pas volontiers de grands espaces, mais ils voisinent par hardes ; du moins tout nous porte à le croire, en exceptant

toutefois expressément l'époque du rût.
Or, selon nous, tout naturellement, la connaissance des petits sentiers fréquentés
par eux, connaissance qui leur est de tous
points commune avec les petits groupes
du même canton, si on la combine avec
le sentiment de la peur qui porte à rechercher ses semblables, cette connaisssance,
disons-nous, amène les chevreuils pour-
suivis aux lieux qu'habitent leurs voisins.
Ils les compromettent ainsi et les rendent
victimes parfois en provoquant *inconscien-
cieusement* un change pour se sauver eux-
mêmes, et nous ne croyons, dans ce cas,
pas plus à la préméditation chez la bête
de meute qu'à l'esprit de sacrifice chez
l'animal qui se trouve substitué à elle par
l'effet des circonstances et sans son aveu.

Aussi, en tout état de cause et pour en
revenir à notre sujet, M. E. Prarond est-il
rigoureusement dans le vrai, quand avec
tous les chasseurs sérieux il proclame
hautement que « quoiqu'on en puisse dire
» ou écrire, la chasse du chevreuil est une
» des plus difficiles, tant à cause des
» mœurs des animaux qui vont en harde

» et de leur habileté à battre le change
» qu'à cause de leur résistance aux lon-
» gues poursuites, quand ils ne font pas
» bondir un autre animal devant eux. »

Malgré tout ce qui précède, nous per-
sistons à croire très possible de prendre
loyalement le chevreuil au forcer, même
dans les forêts de nature difficile et même
alors que le fauve y abonde; et, si on nous
objecte les nombreux insuccès qui se sont
à cet égard produits presque partout, nous
répondrons nettement qu'il en faut accu-
ser :

1° Le mode d'attaque et de suite;

2° L'emploi d'une meute trop nom-
breuse;

3° Le découplement en masse des chiens,
pour aller frapper aux brisées ou pour la
quête;

4° Le défaut des précautions ordinaires,
de la plupart du moins, dans la conduite
de cette chasse particulièrement épineuse,
etc., etc., etc.

On a trop écouté pour ce déduit difficile,

je le dis bien haut avec M. E. Praroud,
les autorités cynégétiques les plus con-
nues : Gaston Phœbus, Jean de Ligneville,
René de Maricourt et Salnove, parmi les
anciens ; La Conterie plus récent, et enfin,
parmi les modernes, Blaze, La Vallée,
d'Houdetot, Le Masson, Lecoulteux, etc.,
autorités trop pleines de déférence les unes
pour les autres, posant toutes en principe
les *analogies complètes du cerf et du chevreuil*
et partant de là pour prescrire unanime-
ment les mêmes pratiques pour la chasse
à courre de ces deux animaux.

Du Fouilloux ne dit mot du chevreuil,
tout comme s'il avait ignoré son exis-
tence.

« Il semble, dit Salnove, que ceux qui
» ont écrit ci-devant n'avaient pas encore
» l'entière connaissance du plaisir que l'on
» peut avoir à forcer le chevreuil avec les
» chiens courants et l'adresse de le faire,
» puisqu'ils en ont dit si peu de chose ; et
» néanmoins, c'est la plus considérable
» après celle du cerf. »

Salnove, pour moi, n'a jamais lu Modus,
et il n'est pas le seul.

Et là dessus, nous assistons, dans la *Chasse du comte de Foix*, dans la *Meute et Vénerie pour le chevreuil*, dans la *Chasse du lièvre et du chevreuil*, dans la *Vénerie royale*, dans l'*École de la chasse*, dans le *Chasseur au Chien courant*, dans la *Chasse à courre en France*, dans la *Petite Vénerie*, dans la *Nouvelle Vénerie normande*, et enfin dans la *Vénerie française*, nous assistons, dis-je, à une sorte de répétition de la chasse du cerf, où nous voyons la meute se diviser *classiquement* en quatre parties : la première pour l'attaque, la seconde ou vieille meute pour le premier relais, la troisième ou seconde vieille pour le deuxième relais, et enfin la quatrième qui est dite « *le relais des six chiens* », les nestors de la bande.

M. E. Prarond, à propos de cette division classique, fait remarquer que M. Quiclet, qu'il aime avec raison tant à citer pour ses prises de bon aloi, menait presque toujours sans relais et que ses chiens découplés sur l'animal *bien reconnu* avaient charge *seuls* de le mettre bas. Il chassait donc de *meute à mort*, tandis que Rallye-Ponthieu gardait un relais dont on détachait de temps en temps quelques chiens, selon la méthode du Roy Modus ; mais, ajoute M. Prarond, j'ai pu constater, les jours où l'animal était pris, que presque toujours le relais n'avait pas eu ou le temps ou l'occasion d'être utilement employé.

Ceci dit en passant, revenons à notre courre du brocard.

Les auteurs précités, avant de décréter aussi lestement que le cerf et le chevreuil se doivent chasser de la même façon, auraient sagement fait d'étudier d'abord avec soin les mœurs, habitudes et circonstances qui différencient tant ces deux animaux ; ils auraient sans doute alors été conduits à se demander si un autre mode de poursuite ne devrait pas être adopté pour le brocard.

Tous les veneurs savent que le cerf, hors la saison du rût, s'isole toujours, tandis que le chevreuil reste en famille, ou tout au moins avec sa compagne (1); que le

(1) Dans un article intitulé : « Doit-on tuer indistinctement brocards et chevrettes ? » qui a paru dans le *Journal des Chasseurs,*

cerf va provoquer à grands coups d'an-
douillers et forcer le change, alors que la
chevrette, si elle n'a pas de petits, l'offre
sans préméditation à son époux par suite
de la recherche inquiète à laquelle elle se
livre à son égard, alors même que le premier brocard venu se prête, inconscien-
cieusement je le veux bien, à pareille manœuvre de salut; que plus le cerf approche
de ses fins, plus son odeur est forte; qu'en
pareille circonstance, au contraire, le sentiment du chevreuil va sans cesse en se
refroidissant, etc.

année 1869, pages 274 et suivantes, M. du Lièvre dit que le chevreuil
est polygame dans certains cas, comme celui, par exemple, où il
habiterait une forêt renfermant beaucoup plus de femelles que de
mâles. — Il cite la magnifique forêt de Villers-Cotterets, dans laquelle,
de 1839 à 1844, il a pu constater ce fait curieux, et ajoute que dans
la jolie petite forêt de l'Aigue les mêmes causes ont produit les
mêmes effets. Enfin, ce qui est, dit-il, plus concluant, en 1855, une
douzaine de chevreuils, panneautée dans une des forêts de la Cou-
ronne, transportée à Toulon et de là par mer dans une des îles du
voisinage appartenant à M. le duc de V..., où on l'a lâchée, se com-
posait de neuf chevrettes et de trois brocards. — Eh bien! l'année
suivante toutes les chevrettes furent fécondées.

Lorsqu'en pareille circonstance le brocard s'est formé ainsi une
espèce de sérail, Joseph La Vallée croit avec raison qu'il prend alors
les habitudes du cerf, qu'il règne en despote sur cette harde et ramène
à coups de tête les chevrettes qui veulent s'écarter.

Je me bornerai à ces trois différences caractéristiques, qui me semblent très suffisantes déjà pour m'autoriser à dire bien haut que Salnove et consorts ont fait fausse route en professant l'identité de la chasse de ces deux animaux en vertu d'analogies qui ne se voient guère, et ont par là lancé les veneurs dans une mauvaise voie.

Le secret de la chasse du chevreuil est cependant dévoilé tout entier dans un livre qu'ils auraient pu consulter avec fruit, dans un livre plus vieux que les leurs, plus vieux même que Phœbus et du Fouilloux, dans le livre du Roy Modus et de la Royne Racio.

Ainsi la plupart des chasseurs qui, en France, ont cherché à prendre le chevreuil, tout en négligeant même parfois de faire faire le bois, s'en sont toujours rapportés plus ou moins exactement à la science des auteurs cités plus haut, jetant en forêt le plus de chiens qu'ils pouvaient; or « le » chevreuil, dit Modus, doit être chassé à » prendre à force avec peu de chiens. »

Nos veneurs découplaient indifféremment leurs 20, 30, 40 ou 50 toutous

dans les hautes futaies claires ou dans les
taillis fourrés; or, nous apprend Modus,
« si on chasse le chevreuil dans des tail-
» lis assez épais pour qu'on ne puisse le
» reconnaître *au saillir*, on ne doit d'abord
» laisser aller que deux ou trois chiens
» pour la quête, et, lorsqu'on a reconnu le
» chevreuil, on ne doit laisser courre des-
» sus que les chiens les plus sages et les
» moins roides. »

Aussi qu'arrive-t-il d'habitude à nos veneurs?

Leurs nombreux chiens, étourdiment
découplés d'ensemble, partent avec un
vacarme magnifique; puis, au bout de dix
à quinze minutes, se dessinent deux ou
trois chasses dans des directions différen-
tes, et enfin, moins d'une heure après, la
plupart des chiens, plus surmenés que le
chevreuil par leur propre vitesse, mettent
bas. Le courre est alors bien compro-
mis.

Laissons donc jeter *leur premier feu* aux
disciples de Salnove et consorts, et revenons un instant à Modus.

« On doit toujours à cette chasse, dit le

» Roy, devancer les chiens, pour trois
» causes :

» — La première est pour s'assurer que
» les chiens chassent toujours le che-
» vreuil (1);

» — La seconde, pour relaisser deux ou
» trois chiens et reprendre ceux qui chas-
» sent (2);

» — La troisième est que, si l'on s'aper-
» çoit qu'il y ait change, il faut alors re-
» prendre des chiens le plus qu'on peut,
» laisser éloigner ceux qui chassent le
» change jusqu'à ce qu'on ne puisse plus
» les entendre, puis retourner au point où
» l'on suppose le change fait; laisser aller
» de nouveau deux ou trois des plus sages
» chiens et requêter en tournant bien à
» loisir. »

Le Roy, avec ce mode d'agir et avec ces
précautions, promet la prise.

Le chapitre de Modus sur la chasse du

(1) Cette condition ne serait pas une difficulté dans l'état actuel
des routes, lignes et sentiers de presque toutes les forêts de France.

(2) On voit que nous sommes bien loin du système des équipages
nombreux.

chevreuil est le plus court mais le plus pratique des traités [1].

On peut d'ailleurs très bien le résumer en ces trois points :

Peu de chiens au lancer,

Quelques relais de deux à trois chiens,

Beaucoup de précautions pour le change.

Il est difficile, nous en convenons volontiers, de faire le bois pour un chevreuil, de voir suffisamment l'animal par corps pour bien distinguer le mâle de la femelle, de séparer avec un limier les individus composant une harde ou d'empêcher avant l'attaque, souvent remise à quelques heures, cette harde de se réunir. Mais enfin la chose n'est pas impossible, et c'est dès lors avec peine que nous voyons, par exemple, un veneur de la taille de Jean de Ligneville dire sans grande façon et, à notre avis, trop lestement : « Je sépare les questes à mes

____

(1) Aussi n'hésiterons-nous pas, au risque de faire double emploi, à donner ce texte en entier et mot à mot à la fin de ce chapitre.

» gens, comme si je voulais courre un
» cerf, mais nous laissons aller la meutte
» aux brizées sans le donner du limier ;
» néantmoings autrefois j'en ay faict lais-
» ser courre du limier, mais c'est plus-
» tost faict de le lancer avec la meutte [1]. »

La preuve que Jean de Ligneville était
un insouciant mal servi, c'est qu'Eusèbe
Saint-Pierre, le piqueur de Rallye-Ponthieu, surmontait admirablement toutes
ces difficultés et qu'on le trouvait chaque
fois au rendez-vous de chasse avec son limier près de lui, ayant détourné et séparé
avec persévérance son chevreuil. Il faut,

[1] *La Meute et Vénerie pour chevreuil*, page 51.

Jean de Ligneville comprend du reste si bien lui-même la défec-
tuosité de ce mode d'attaque qu'il ne peut s'empêcher (page 54) de
dire : « Mais si j'ai quelques chiens de désordre ou autres jeunes
» chiens, je ne les fais découpler que le chevreuil ne soit lancé et
» bien ameutté, crainte qu'ils ne troublent les chiens sages. »

A la page 129, il dit encore : « Le seigneur Gaston de Foix ne
» parle pas, en son *Traicté du Chevreuil*, s'il faisait des relays ; il dict
» seulement que celuy qui chasse chevreuil peut faire relays s'il veut.
» Le livre intitulé *Roy Modus* dict qu'il faut donner toujours quel-
» que chien à la voie de meutte et ne parle pas de relays. »

J'estime d'après cela que Ligneville n'a pas lu Modus ou bien qu'il
ne l'a pas compris ; car enfin ces deux ou trois chiens que relaisse
Le Roy, tout en en reprenant d'autres, et ce à plusieurs reprises, si
ce ne sont pas de véritables relais, qu'est-ce donc alors ?

il est vrai, pour arriver à ces résultats, savoir courir sous bois derrière le limier.

Mais, même en admettant les cas d'impossibilité absolue ou en tolérant ceux d'une paresse plus ou moins légitime, il conviendrait au moins de suppléer à cette précaution réglementaire de la chasse à courre par la quête à deux chiens, de Modus. On devrait suivre en outre les règles que nous avons rapportées plus haut pour le lancer avec des chiens sages, pour les relais et les changes. Un ou deux relais volants suffiraient presque toujours ; comme M. Prarond, bien qu'on puisse prendre de meute à mort, j'estime qu'il les faut, qu'il seront précieux deux fois sur trois et indispensables une fois au moins sur quatre, et qu'en y renonçant ce serait de gaîté de cœur se condamner à part double de défaites.

Enfin un dernier relais, conformément à la loi qui veut qu'on garde à cet effet les chiens les plus lents, celui qu'on nomme *les six chiens*, viendrait utilement mettre fin au drame.

Quelques veneurs, et parmi eux notam-

ment l'auteur des *Chasses de la Somme*, pro-
posent au contraire de ne composer ce
dernier relais que de chiens *sages mais très
vites*, et motivent, comme il suit, cette dé-
rogation aux règles indiquées par Modus.

« Le chevreuil, dit Salnove, est l'animal
» qui fait le plus de retours et le plus de
» ruses sur ses fins, de tous ceux qui ont
» le pied fourchu. » Ce dernier relais, souf-
flant au poil de la bête, préviendrait ses
retours et ses ruses et l'empêcherait de
battre un dernier change. Elle ne pourrait
alors tromper les chiens qu'en se jetant
sur le ventre par un bond désespéré qui
la séparerait de quelques pas de la voie;
aussi faudrait-il dans les défauts requêter
avec précaution en arrière et fouler lente-
ment en fouettant les taillis fourrés et les
ronces, sans omettre d'explorer les piles
de bois ou de fagots. Le seul danger serait de mettre sur les dents les chiens
déjà fatigués qu'on n'aurait pu reprendre.

Bien que M. E. Prarond dise quelques
lignes plus bas « qu'il n'insiste que mé-
» diocrement d'ailleurs sur la vitesse de
» ce dernier relais », il me semble néces-

saire d'indiquer nettement pourquoi je re-
pousse ce procédé rapide et trouve plus
sûre la manière de Modus.

Avec un relais final de chiens *vites,* les
toutons fatigués, qu'on n'aura pu reprendre, seront forcément à la traîne et, au premier retour (car vous n'espérez pas les
supprimer d'une façon absolue avec votre
meute, quelque raide qu'elle soit), le chevreuil les rencontrera; et alors, criant à
vue, ces traînards brouilleront tellement
votre chasse que vous ne connaîtrez plus
ceux qui chassent le droit de ceux qui re-
battent. Cette confusion presque inévitable
pourra parfois compromettre très sérieu-
sement le forcer, et m'est avis dès lors qu'il
convient de ne pas s'exposer à pareille
mésaventure.

Dans une note très récente, l'auteur des
Chasses de la Somme, à l'opinion duquel
j'attache une grande importance, m'écrit,
au sujet du procédé rapide et après avoir
lu mes observations, ce qui suit:

« Je n'oserais plus insister sur ce point.
» La théorie ne serait pas fausse cepen-
» dant si les chiens, étant *vites,* étaient

» aussi toujours suffisamment sages, et
» surtout si l'on pouvait, en les lâchant,
» reprendre tous ceux que la chasse aurait
» déjà fatigués ou ralentis. Ces conditions
» étant difficiles à rencontrer, ces opéra-
» tions étant difficiles à exécuter, je crois
» maintenant qu'il faut, quand on n'a sous
» la main que *le commun* des chiens et pour
» aides que des valets *d'activité commune*,
» s'en tenir aux règles du Roy Modus.

» L'opinion émise par moi, en 1858,
» visait une très petite meute, avec laquelle
» on ne pouvait réussir qu'en sortant des
» règles ordinaires; vous avez donc par-
» faitement raison de la combattre en thèse
» générale.

» Le danger du chevreuil rencontrant
» dans un retour les chiens de queue me
» frappe moins. J'ai vu assez souvent des
» chevreuils portés bas dans des retours
» de ce genre. *Ce n'est pas très régulier*, je
» vous l'accorde; mais, dans cette chasse
» difficile, on n'est pas trop honteux des
» bons hasards et il s'en rencontre heu-
» reusement de plusieurs sortes!... »

Le laisser-courre du chevreuil quand, comme d'ordinaire, il se fait à cheval, peut permettre l'emploi de chiens *vîtes*, sous la condition expresse qu'ils soient très sages et bien collés à la voie; mais si les veneurs opèrent à pied (ce qui est bien rare parce que c'est terriblement fatigant), comme le grand écueil réside dans le change, on ne devrait *théoriquement* employer alors que des chiens *lents*, qui laisseraient au chevreuil, il est vrai, toute liberté pour ruser, mais donneraient aux chasseurs le temps de les rejoindre et la faculté précieuse et indispensable, à cette chasse surtout, de serrer de près, de guider et de surveiller la meute.

Malheureusement pour la théorie, *il est impossible de forcer cet animal avec des chiens lents,* si créancés, si sages et si parfaits qu'ils soient; les piétons infatigables *seuls* pourront donc affronter cette rude entreprise avec une meute de *moyenne* vitesse.

« De bons chiens pour lièvre, dit avec
» raison La Conterie, accoutumés à chas-

» ser en plaine, dans les chemins, les gué-
» rets et la poussière, un petit animal qui
» ne touche à rien de son corps et dont les
» voies sont si légères, ont bien de l'avan-
» tage à la chasse d'un chevreuil qui, par
» sa pesanteur et en touchant de son corps
» à la branche, leur laisse un sentiment
» beaucoup plus vif et plus flatteur; aussi
» lé mènent-ils bien vivement. »

Convaincu que la chasse du chevreuil
a des rapports intimes avec celle du lièvre,
nous dirons, avec Edmond Le Masson,
qu'il faut chercher les bons chiens pour
chevreuil parmi ceux de moyenne taille
qui excellent à la chasse du lièvre. Mais la
règle toutefois, comme dit judicieusement
M. E. Prarond, ne doit pas être *absolue*,
et la preuve en est que les chiens avec
lesquels M. Quiclet prenait si lestement
à Chantilly étaient *petits;* que ceux de
M. Desvignes qui, après la prise d'un cerf
dans la même forêt, en guise de délasse-
ment, et de meute à mort, vers le milieu
d'avril, portaient bas leur chevreuil, étaient
grands; et qu'enfin ceux de Rallye-Pou-

thien étaient de moyenne taille, c'est-à-dire encore *assez grands*.

Il y a donc une sélection sérieuse à effectuer dans une grande meute alors qu'on veut entreprendre le forcer du chevreuil; aucun veneur en effet n'ignore que, dans un équipage de quarante à soixante chiens, c'est à peine si on en trouve une dizaine qui méritent réellement le renom glorieux *de clés de meute* et que le reste suit de confiance en criant. Or ces comparses du chœur chantant *sont de trop* à la chasse du brocard, où il ne nous faut, au dire vrai de Modus, que des chiens *sages et bons*. Partant de là, nous n'admettrons que des toutous d'élite, et nous allons rechercher quels sont les chiffres *minima* et *maxima* d'une bonne meute pour chevreuil.

Modus n'attaquant et ne relaissant jamais qu'avec deux ou trois chiens et n'indiquant que trois ou quatre relais ou remplacements en cas de change, nous sommes logiquement conduit à dire que le chiffre *huit* est *un minimum*. Quant au *maximum*, nous devons, d'après la même règle et en supposant les relais à quatre toutous, déclarer que le chiffre *vingt*, déjà bien fort, ne saurait être dépassé sans inconvénient.

Nous ajouterons ici, pour les amateurs de musique, qu'une meute de huit à dix chiens bien gorgés suffira toujours amplement à les charmer, si on sait les choisir parmi nos races françaises si riches en belles voix et en hurleurs remarquables.

« Plusieurs maîtres de grands équipages de chasse ne manqueront pas sans doute de soutenir qu'on peut fort bien forcer le chevreuil en le chassant avec beaucoup de chiens, tout comme le cerf. En guise de preuves, en apparence irrécusables, ils exhiberont leurs carnets de courre sur lesquels figurent maintes belles prises... des chevreuils forcés, avec ou sans relais, en moins de deux heures! Mais, sans être bien malicieux et sans hésiter un instant, nous lirons comme d'Houdetot, avec aisance *entre les lignes... surpris, étranglé dans un retour* par les mauvais chiens *vites* qui naturellement préfèrent toujours *la vue à la voie,* et nous serons dans le vrai quatre-vingt-dix-neuf fois sur cent! »

Notre tâche est terminée pour la chasse à courre et il ne nous reste plus, avant d'en venir à celle au fusil, qu'à donner ici, en conformité de notre promesse, le texte complet de Modus.

Cy devise de la Chace du Chevreul
à prendre à force

En chevreul n'a nul jugement, pour congnoistre, s'il est vieil ou josne, ou masle ou femelle, qui ne le voit à l'œil. Et pourre qui veut laisser courre chevreul, le faut querre à rongier vers les clères fustoyes, au pays où il demeure. Et s'ilz sont en pays qu'on ne peut voir au saillir, on doit laisser aler deux ou trois chiens pour le querre, et s'ilz acueillent à chacer, on doit aler au devant, pour voir ce qu'ilz chassent. Et si on le voit, on doit laisser courre les chiens dessus, des plus sages et des moins roides : car chevreul fait ung randon, et puis se demeure comme un connil, et, pour ce, il est fort à prendre en pays où il y a foison de rouges bestes.

3

Si te diray comme tu le chaceras :

Le chevreul doit estre chacé à prendre
à force, à peü de chiens, et doit-on tous-
jours aler devant ses chiens, pour trois
causes : La première est pour voir s'ilz
chacent le chevreul; la seconde, pour relaisser deux ou trois chiens et reprendre
ceux qui les chacent; la tierce, si tu vois
qu'ilz ne chacent mie chevreul et qu'ilz chacent autre beste, metz peine de reprendre
de tes chiens tout le plus que tu pourras.
De ceux qui chaceront le change laisse les
eslonger si loing que tu les puisse ouyr,
puis retray au pays où il te fut avvis que les
chiens accueillirent le change, et laisse
aler deux ou trois des plus saiges chiens
que tu ayes, et les requiers au pays, en
tournant bien à loisir, et tu les trouveras
par telle voye.

Et si tu le fay en cette manière tu les
prendras à force.

Explicit la chace du chevreul [1].

(1) *Le livre du Roy-Modus et de la Royne-Racio,* nouvelle édition; Paris Elzéar Blaze, faubourg Saint-Martin, 55, MDCCCXXXIX.
(Voyez feuillet XXIX.)

Chasse à courre... au Fusil

« Les chasseurs au forcer, qui veulent à
» tout prix assurer la curée (et le duc de
» Bourbon n'y manquait jamais, tout sa-
» vant et tenace veneur qu'il était, parce
» qu'il connaissait bien la difficulté de
» prendre le chevreuil), et qui aiment
» mieux un peu fausser le principe que
» de rentrer la trompe dans le sac, sont
» assez dans l'habitude, à cette chasse,
» de découpler le quatrième relais, qui
» n'est autre chose qu'un bon coup de fu-
» sil. » — (Joseph LA VALLÉE.)

Lorsqu'on chasse ainsi à cheval, soit
pour le motif précité, soit par goût et habitude, l'emploi de chiens *vites* et nom-

breux n'offre plus au même degré autant
d'inconvénients graves qu'à la poursuite
au forcer. *Fusillo* est là pour mettre ordre
aux bévues et, comme avant tout on veut
tuer, nargue du change si c'est un brocard
qui roule sous le plomb! Il advient bien
parfois que c'est la chevrette... mais, si
on chasse chez autrui, tout conservateur
qu'on se dise, on ne s'en inquiète guère.

Il est parfaitement vrai que plus vous
donnerez de chiens bien criants à un chevreuil, plus vous sonnerez en menant
grand bruit, et plus vite l'animal percera
au loin. Mais cette considération, bonne
pour le chasseur pédestre, ne vous doit
pas arrêter ici puisque vous disposez de
quatre jambes alors que lui n'a que les
deux siennes. Vous pourrez donc, grâce
à votre vigoureux coursier, toujours serrer la chasse d'assez près et aider la meute
à propos, tandis que le pauvre piéton, en
pareil cas, sera fatalement distancé et la
bête de meute presque toujours irrévocablement perdue quand il aura rejoint.

En général, la plupart des veneurs sont

dans l'habitude de chasser le chevreuil à la *billebaude*. On sait à peu près où se cantonnent ces animaux, parfois on a reconnu leurs couches, et alors c'est aux environs qu'on découple d'un seul coup les chiens dont on dispose.

L'animal lancé, chaque chasseur tire de son côté, l'un suivant les chiens d'aussi près qu'il peut, et c'est celui qui a le plus de chance de tuer, et les autres gagnant au pied pour border les enceintes. Quelques amateurs peu ingambes, en vertu de l'axiome que tout chevreuil revient dans un temps donné au lancer, se bardent de patience pendant de longues heures pour voir quelquefois, mais pas toujours, revenir la meute avec une chevrette qu'on n'ose tirer et le plus souvent avec rien du tout.

Coûte que coûte, à cette chasse il faut suivre de près; car le chevreuil, quand il a pris de l'avance, entassant ruses sur ruses à l'accul du bois, n'éprouve pas grande peine à se défaire de la meute, quelque bonne qu'elle soit, si elle se trouve absolument livrée à elle-même. Or, pour suivre de près, de bonnes jambes ne suffisent pas; il y faut encore que la meute ne soit pas trop vite, puisque chacun sait que l'animal poursuivi règle invariablemen son allure sur celle des chiens qui le mènent. On devra donc, quand on chassera à pied, n'employer que des toutous assez *lents*.

Plusieurs chasseurs au fusil s'imaginent faire merveille à cette chasse en y découplant de trois à six *corneaux* pour pousser très raide le chevreuil, pensant ainsi l'empêcher de ruser. Ça marche à peu près une demi-heure tant bien que mal, et, si au bout de ce temps on n'a pas tué, dix-neuf fois sur vingt la bête de meute est irrévocablement perdue. Nos gens s'en consolent en allant ailleurs recommencer la même manœuvre, s'ils ont pu reprendre leurs chiens.

D'autres, plus avisés et amateurs avec raison de toutous *lents,* n'en ayant qu'un petit nombre à leur disposition et voulant néanmoins se donner les meilleures chan-

ces de succès, ne découplent que deux
chiens à la fois et tiennent les autres en
réserve; c'est un *en cas* dont ils ne font
usage que s'ils perdent la chasse. Une pareille façon d'opérer, dit Blaze, n'est pas
précisément bien régulière, mais elle est
en revanche fort productive au point de
vue de la cuisine.

Plus le brocard est mené doucement,
plus il joue devant les chiens; aussi Toussenel peut-il dire avec raison qu'un sim-
ple basset à jambes torses, aidé d'un bon
tireur, porterait bas à lui tout seul plus de
chevreuils en quinze jours qu'une meute
de cent anglais en toute une saison. — On
nomme cela *routailler*, et cette méthode est
en effet très meurtrière.

« Le sang froid du chevreuil en face du
» péril le sauve très souvent à courre,
» mais lui est mortel dans la chasse au fu-
» sil, ajoute Toussenel. Comme il joue de-
» vant les chiens, rien en effet n'est plus
» facile que de le tuer au lancer ou de le
» tirer sous bois. »

« A la suite d'une course un peu prolongée, tout chevreuil, sentant le besoin de reprendre haleine, randonne quelque temps dans la même enceinte. Coulez-vous au plus vite sous bois, derrière la chasse; gagnez la double voie battue et rebattue, jonchée d'herbes et de feuilles, voie aussi apparente que la route la mieux frayée. Placez-vous derrière une cépée, et attendez (toujours à bon vent) le chevreuil qui ne manquera pas, s'il n'est dérangé, de repasser dans le même endroit, pied pour pied, c'est infaillible. » Ce conseil d'Adolphe d'Houdetot est excellent et je ne saurais trop vous recommander de le suivre de point en point.

Lorsqu'on se poste pour tirer le chevreuil au passage, il est indispensable d'être à bon vent d'abord et ensuite de se tenir toujours prêt à épauler, l'animal traversant les chemins et lignes aussi vite qu'un oiseau. Lorsqu'il se voit ajuster, comme il ne manque jamais de s'aplatir, de se raser contre terre sans ralentir son allure, on doit se méfier de tirer par-dessus lui, tant son mouvement de baisse est prompt. Cette adroite manœuvre lui sauve souvent la vie.

A l'ouverture de la chasse, d'ordinaire en septembre, la chevrette, pour sauver ses chevrillards, se donne à vue aux chiens et les emmène à quelque distance; là, comme elle ne fait que tourner et se raser, elle ne saurait échapper au coup de fusil. J'en ai vu tuer une qui manœuvrait ainsi depuis une grande heure, pendant que le brocard gagnait un bois distant de deux lieues, à ce que me racontèrent des bûcherons qui l'avaient aperçu en plaine.

A la rigueur on pourrait, si le fauve était abondant, abattre la chevrette à cette époque; mais la tuer lorsqu'elle est pleine, de novembre à mars, c'est manger son blé en herbe!

Le chevreuil, ne perdons pas cela de vue, est déjà inconnu de fait dans plus de la moitié de nos départements; c'est le dernier honneur des forêts de la France. Montrons-nous donc un peu plus ménagers de ces charmants coureurs!

ÉQUIVALENTS DES VIEUX MOTS

OU DES VIEILLES LOCUTIONS DE MODUS

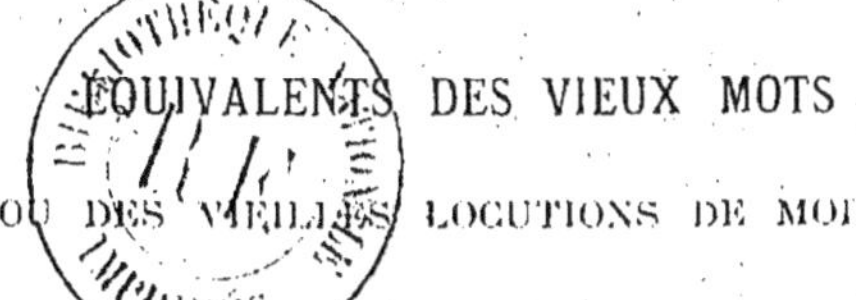

Randon,	Randonnée.
Rouges bestes,	Fauves,
Rongier,	Ruminer.
Pays,	Endroit, lieu.
Mie,	Pas ou plus.
Querre,	Quérir, chercher.
Connil,	Lapin.
Requiers,	Fais requêter.
Metz peine,	Hâtes-toi.
Les,	Le ou la.
Accueillir à chasser,	Se mettre à chasser.
Le chevreul,	C'est le droict, la beste de meute.
Autre beste,	C'est le change.
De ceux qui,	Quant à ceux qui.
Relaissier,	Donner un relai.
Retray,	Retournes.
Josne,	Jeune.
Se demeure,	Se blottit, se rase.
Clères fustoyes,	Claires futaies.
Au saillir,	Au lancer, au saut de la reposée.
Saiges,	Sages.
Il est fort à prendre,	Il est fort difficile à prendre.
Chacer, chacier,	Chasser,
Congnoistre,	Connaître.
Eslonger,	S'éloigner.

OUVRAGES CYNÉGÉTIQUES

CITÉS DANS CET OPUSCULE

La Vénerie, de Jacques du Fouilloux; Angers, 1844, Charles Lebossé, libraire-éditeur, place du Ralliement.

La Chasse, de Gaston Phœbus; Paris, 1854, édition du *Journal des Chasseurs*, rue Vivienne, 37.

La Meute et Vénerie pour chevreuil, de Jean de Ligneville; Nancy, 1861, Maubon, libraire-éditeur, trottoirs Stanislas, 16.

Traité et Abrégé de la chasse du lièvre et du chevreuil, par René de Maricourt; Paris, MDCCCLVIII, Mme veuve Bouchard-Huzard, rue de l'Éperon, 5.

La Vénerie royale, par Robert de Salnove; Paris, MDCLXV, chez Antoine de Sommaville, au Palais, au cinquième pilier de la grande salle, à l'*Écu de France*. Une réédition, entreprise vers 1868 par le *Journal des Chasseurs*, n'a pas été terminée, malheureusement.

L'École de la Chasse aux chiens courants ou Vénerie normande, par Le Verrier de la Conterie; réimprimé par le *Journal des Chasseurs*, imprimerie de L. Tinterlin et Cie, rue Neuve-des-Bons-Enfants, 3, Paris.

Le Chasseur au chien courant, par Elzéar Blaze; Paris, 1838, l'auteur éditeur, rue du faubourg Saint-Martin, 55. Barba, libraire, Palais-Royal, galerie de Chartres, 2 et 3.

La Chasse à courre en France, par Joseph La Vallée; Paris 1859, deuxième édition, librairie de L. Hachette et C⁰, rue Pierre-Sarrazin, 14.

La Petite Vénerie ou *La Chasse au chien courant*, par Adolphe d'Houdetot; Paris, 1860, troisième édition, Charpentier, libraire-éditeur, quai de l'École, 28.

L'Esprit des Bêtes, par A. Toussenel; Paris, 1858, troisième édition, E. Dentu, libraire-éditeur, Palais-Royal, galerie d'Orléans, 13.

Les Chasses de la Somme, par E. Prarond; Paris, 1858, veuve Bouchard-Huzard, rue de l'éperon, 7. — Amiens, 1858, Lenoel-Hérouart, rue des Rabuissons.

Nouvelle Vénerie normande, par Edmond Le Masson; Avranches, MDCCCXLVII, deuxième édition, E. Tostain, imprimeur-libraire, éditeur.

La Vénerie française, par Lecoulteux de Canteleu; Paris, MDCCCLVIII, imprimerie et librairie de Mᵐᵉ veuve Bouchard-Huzard, rue de l'Éperon, 7.

Cinquante années de Chasse, par J.-A. Clamart; Vouziers, 1854, chez Flamand-Ansiaux, imprimeur-libraire.

AUXONNE, IMPRIMERIE DE VICTOR CHARREAU.

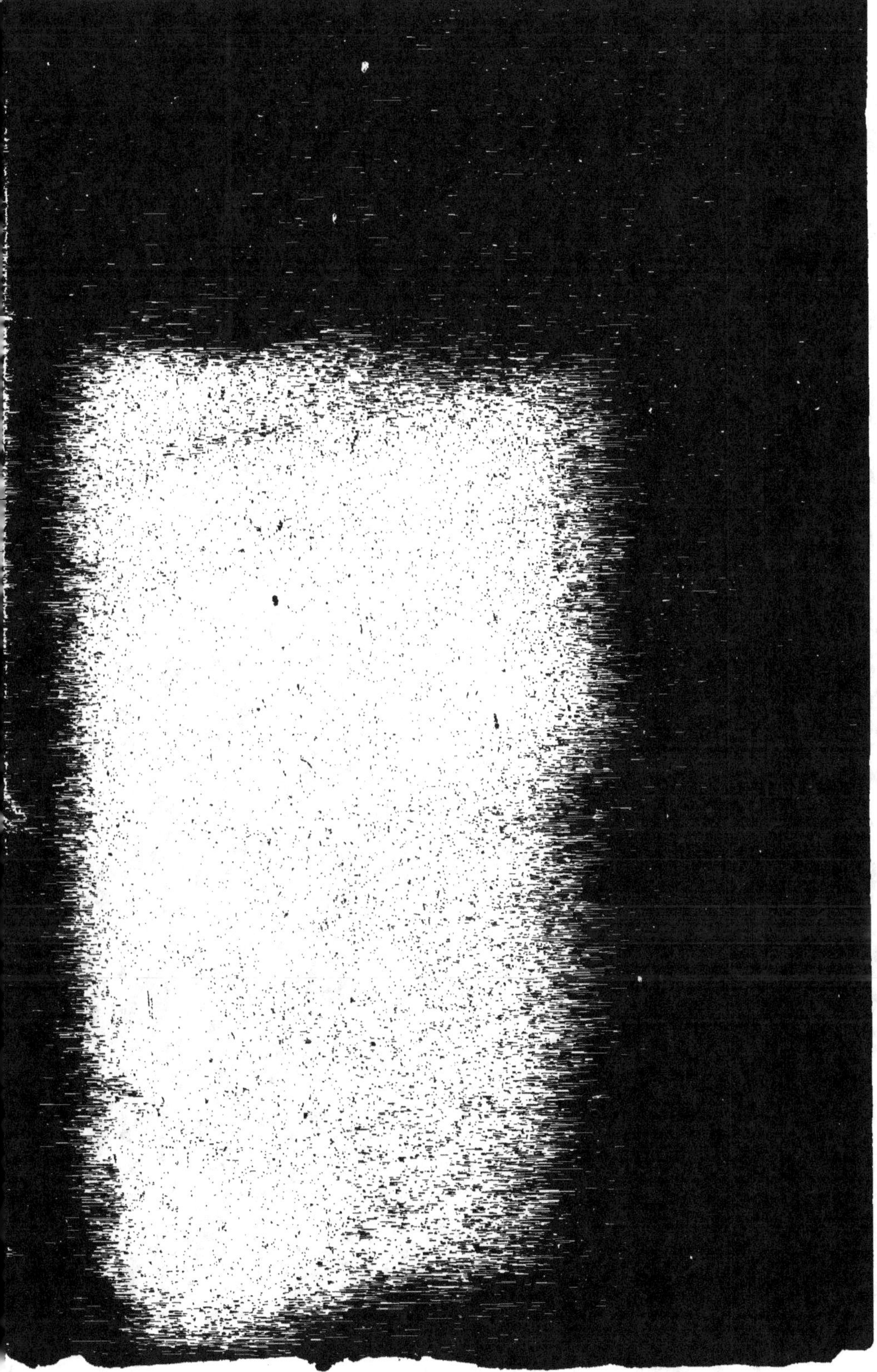

... DE LA CHASSE ...

Par le commandant GARNIER, deuxième édition revue et
augmentée, in-8, avec planches, papier vélin.
Quelques exemplaires sur papier de Hollande.

TRAITÉ DE LA VÉNERIE

Par feu M. Budé, conseiller du roi François I..., ...
... mière fois par H. Chevreul. Petit in-8, papier...

LIVRE DU ROI CHARLES
DE LA CHASSE DU CERF

Publié pour la première fois d'après un ... de la bibliothèque de ...
par H. Chevreul. Paris, 1850, in-8, tiré à petit nombre.

LE CHIEN COURANT

Poème

Par F. Passen..., suivi de quelques poésies cynégétiques...
... précédé d'une introduction par ... tiré ... petit nombre.
Vélin ...

LA CHASSE

Poème

Par Charles Perrault, de l'Académie française ... précédé
d'une préface par H. Chevreul. Petit in-8 ... papier ...

À PROPOS DE ...

... études ... complétée par ... tous ... chasse ...
... avec planches ... ...
... ...